Ce livre appartient à...

Copyright © BPA Publishing Ltd 2020

Auteure : Pip Reid

Illustrateur : Thomas Barnett

Directeur de création : Curtis Reid

Correcteur-réviseur : Pascal Besserve

www.biblepathwayadventures.com

Merci de soutenir Bible Pathway Adventures®. Notre série d'aventures aide les parents à faire plus amplement découvrir la Bible à leurs enfants, d'une façon ludique et créative. Conçue pour toute la famille, la mission de Bible Pathway Adventures est d'encourager le retour du discipulat dans les foyers, partout dans le monde. La recherche de la Vérité est plus sage que les traditions !

Les droits moraux de l'auteur et de l'illustrateur ont été validés, ce livre est soumis aux droits d'auteur.

ISBN: 978-1-989961-30-8

Face au Géant

Les Aventures de David

« David prit en main son bâton, choisit dans le ruisseau cinq pierres polies et les mit dans sa sacoche de berger. Puis, sa fronde à la main... » (1 Samuel 17:40)

Est-il besoin de naître dans une famille royale pour devenir roi ? Pas quand Dieu s'en charge ! Il y a bien longtemps, Dieu choisit un jeune berger de la tribu de Judée nommé David pour devenir le roi d'Israël. Il voulait montrer qu'Il avait choisi l'homme idéal pour ce titre. Mais avant de devenir roi, David avait surmonté bien des épreuves et avait vécu de nombreuses et passionnantes aventures.

En ce temps-là, Israël était gouverné par un roi désobéissant nommé Saül. Avec l'aide de son fils Jonathan, il avait gagné de nombreuses batailles, mais avait ensuite cessé d'écouter Dieu.

Un jour, son armée vainquit de féroces ennemis : les sanguinaires Amalécites. Mais au lieu d'anéantir tout le peuple et tous les animaux comme Dieu le lui avait ordonné, Saül garda pour lui les meilleurs moutons et le meilleur bétail. Il avait commandé à ses soldats : « Épargnez le roi Amalek et faisons-le prisonnier ! »

Le savais-tu ?

Beaucoup pensent qu'il y a différentes façons de nommer Dieu. Parmi celles-ci, Yah, Yahweh, Yahuah et bien d'autres.

Dieu était mécontent du mauvais comportement de Saül. Il savait que si celui-ci épargnait leur peuple et leurs animaux, les Amalécites attaqueraient de nouveau les Israélites. Dieu voulait l'obéissance. C'est pourquoi Il parla à Son prophète, Samuel.

« Je regrette d'avoir choisi Saül comme roi, il s'est détourné de Moi et a désobéi à Mes commandements. Le temps est venu pour un nouveau roi d'Israël. », lui dit-il. Samuel savait que Dieu retirerait le commandement du royaume à Saül. Il couvrit son visage et pleura.

« Samuel, arrête de t'apitoyer sur le sort de Saül, lui dit Dieu. Procure-toi de l'huile d'olive et rends-toi à Bethléem. Là-bas, trouve un homme appelé Jessé. J'ai choisi un de ses fils pour devenir le nouveau roi. »

Mais Samuel était inquiet. « Si Saül découvre que je recherche un nouveau roi, il me tuera ! » pensa-t-il. Samuel était certes un prophète important, mais Saül était toujours un puissant roi. « Ne t'inquiète pas, lui dit Dieu. Prends un veau avec toi et dis que tu es ici pour M'offrir un sacrifice. Invite Jessé au repas et je te dirai ce que tu devras faire ensuite. »

Samuel se hâta d'obéir à Dieu et se rendit au plus vite à Bethléem. Dès son arrivée aux portes de la ville, les anciens se précipitèrent vers lui. « Pourquoi es-tu ici ? lui demandèrent-ils, les mains tremblantes. Viens-tu en paix ? »
Ils avaient de bonnes raisons d'être inquiets : Samuel n'était pas seulement un prophète, il était aussi un juge et un commandant d'armée.

« N'ayez crainte, leur répondit-il. Je suis venu offrir un sacrifice à Dieu. Joignez-vous à moi ! » Samuel invita aussi Jessé et ses fils à assister au sacrifice. Puis, en aparté, il lui dit : « Dieu va choisir le prochain roi d'Israël parmi un de tes fils. »

Quand Jessé et ses fils arrivèrent, Samuel regarda l'aîné, Éliab. Il pensa : « Hmmm… ce jeune homme est grand et a belle apparence, il ressemble à un roi. Il doit être l'homme que Dieu a choisi. »

Mais Dieu avait une autre idée. « Ignore la belle allure d'Éliab », dit-Il. Il ne sera pas le prochain roi d'Israël. Je ne regarde pas l'apparence d'une personne, mais son cœur. »

Jessé présenta ses fils un par un à Samuel, mais, à chaque fois, Dieu désapprouvait. Samuel dit : « Dieu n'a choisi aucun de ces sept hommes. As-tu d'autres fils ? » Jessé fronça les sourcils et gratta sa barbe.

« J'ai un autre fils, nommé David », répondit-il en pointant le versant rocheux de la colline avoisinante où David gardait les moutons. « Mais, comment pourrait-il être un roi ? »

Par la fenêtre, Samuel regarda David au loin. Il sourit : il savait que c'était l'homme que Dieu avait choisi pour être le prochain roi d'Israël. « Demande à David de venir me voir ! dit Samuel avec enthousiasme. Nous mangerons quand il arrivera. »

Le savais-tu ?

Samuel était un Nazaréen. Cela signifie qu'il avait voué sa vie au service de Dieu. De nombreux érudits bibliques pensent que c'est la raison pour laquelle il ne s'est jamais coupé les cheveux. (1 Samuel 1:11)

David dévala la pente rocailleuse, à la rencontre de Samuel. Il était fort et beau, les yeux pétillants. Dieu dit : « Samuel, lève-toi et oins-le. C'est lui ! »

Samuel prit sa fiole d'huile d'olive et en versa délicatement un petit filet sur la tête de David pour montrer qu'il était le prochain roi d'Israël. Immédiatement, l'Esprit de Dieu s'empara de David.

Les autres fils de Jessé se regardèrent, surpris. Pourquoi leur plus jeune frère serait-il consacré roi et non pas l'un d'entre eux ? Mais Samuel ne leur donna aucune réponse. Sa mission était accomplie : Israël avait un nouveau roi.

Le savais-tu ?

Les spécialistes de la Bible pensent que David dû attendre près de 20 ans avant de devenir roi d'Israël. Puis il régna pendant quarante ans – sept ans à Hébron et trente-trois ans à Jérusalem.

À ce moment, le roi Saül régnait toujours sur la terre Israël. Il vivait dans un grand palais de pierres, dans la ville de Guibéa. Ayant été désobéissant, l'Esprit de Dieu s'était retiré de lui. À la place, un esprit mauvais était entré en lui et le tourmentait jour et nuit. Rien ne semblait calmer son âme. Ses serviteurs faisaient les cent pas, ne sachant que faire.

« Trouvons quelqu'un qui joue de la harpe, suggérèrent-ils. Peut-être la musique vous accordera-t-elle du repos… » Saül haussa les épaules et soupira. Il ne savait pas pourquoi ce mauvais esprit était entré en lui.

« Un des fils de Jessé, qui vit à Bethléem, sait jouer de la harpe, dit l'un d'eux. C'est un jeune homme brave et qui aime Dieu. Il s'appelle David. »

Saül aima cette idée et fit parvenir un message à Jessé : « Envoie-moi ton fils David, celui qui joue de la harpe. » Immédiatement, Jessé envoya son fils au palais royal ; après tout, on ne pouvait pas dire non au roi d'Israël. Et à partir de ce jour, chaque fois que le mauvais esprit entrait en Saül, David s'asseyait à ses côtés et lui jouait de la harpe.

Un jour, les Israélites étaient réunis dans la vallée d'Elah pour affronter leurs ennemis, les redoutables Philistins. Personne n'aimait vraiment les Philistins : ils étaient malveillants, cruels et belliqueux.

Le roi Saül regarda d'un air mauvais l'armée philistine de l'autre côté de la vallée. Il y avait de nombreux chars et plus de soldats qu'il ne pouvait en compter. Il saisit son épée et se prépara immédiatement à la bataille.

Saül ne le savait pas encore, mais les Philistins avaient un terrifiant guerrier à leur côté. Son nom était Goliath et il était aussi grand qu'une maison ; il mesurait près de trois mètres ! Tout le monde avait peur de lui et personne n'osait s'en approcher. Goliath était plus fort que tout homme sur la terre d'Israël.

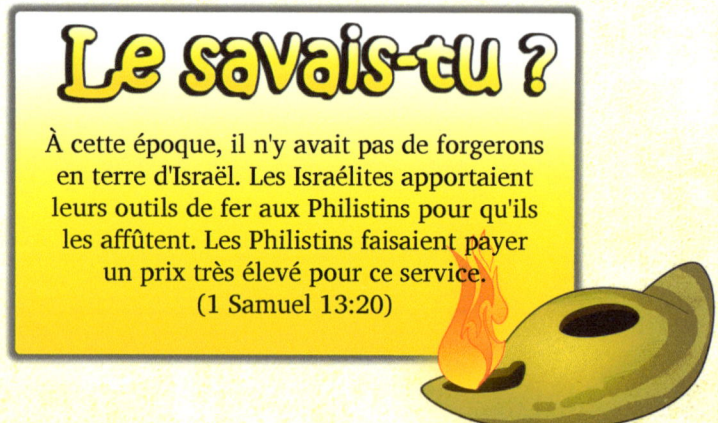

Le savais-tu ?

À cette époque, il n'y avait pas de forgerons en terre d'Israël. Les Israélites apportaient leurs outils de fer aux Philistins pour qu'ils les affûtent. Les Philistins faisaient payer un prix très élevé pour ce service.
(1 Samuel 13:20)

Cet après-midi-là, les Israélites étaient alignés pour la bataille contre les Philistins. Tout à coup, un homme immense sortit du camp adverse. C'était Goliath, le puissant géant ! Il portait un casque et une cuirasse brillante, faits de bronze.

Même ses jambes étaient couvertes d'une armure de bronze pour que personne ne puisse le blesser. « Pourquoi êtes-vous là, minuscules Israélites ? » rugit-il en gonflant ses muscles puissants. « Si vous l'osez, choisissez un homme parmi vous pour venir m'affronter. S'il gagne, nous serons vos esclaves, mais si je gagne, c'est vous qui serez nos esclaves. »

Les Israélites tremblèrent de peur. Ils n'avaient pas l'habitude de combattre quelqu'un d'aussi gigantesque que Goliath ; même le sol vibrait quand il marchait ! Ils regardaient fixement ce géant, les yeux écarquillés.

Pendant ce temps, à Bethléem, Jessé demandait à David d'aller rejoindre ses frères qui étaient soldats dans l'armée de Saül. Il lui dit : « Prends ces miches de pain et rends-toi dans la vallée d'Elah. Trouve tes frères et vois s'ils vont bien, puis reviens m'en informer. »

David ne perdit pas de temps : le matin suivant, il sauta du lit, attrapa le sac de nourriture et partit faire ce que son père lui avait ordonné. Il arriva au campement au moment précis où les soldats partaient pour la bataille.

David laissa tomber son sac et courut au front pour saluer ses trois frères. Il n'avait jamais vu l'ennemi d'aussi près et cela le galvanisa. Il croisa les bras et fixa les Philistins du regard. Comment osaient-ils tenter de détruire les Israélites ?

« Pourquoi êtes-vous alignés pour le combat ? » hurla Goliath aux Israélites. Voilà quarante jours qu'il les menaçait et il commençait à perdre patience. « Venez m'affronter en duel, bande de lâches ! » lança-t-il.

Les Israélites auraient dû être habitués aux menaces de Goliath ; pourtant, ils étaient chaque instant plus terrifiés. Ils retournèrent au campement aussi vite que leurs jambes chancelantes purent les y conduire. « Ce géant est un monstre ! criaient-ils. Si seulement nous pouvions le tuer, nous obtiendrions la récompense promise par le roi ! »

David se retourna vers les soldats. « Quelle est la récompense pour tuer Goliath ? demanda-t-il. Et qui est ce Philistin qui ose défier l'armée du Dieu vivant ? »

Le savais-tu ?

Saül avait 30 ans lorsqu'il devint roi d'Israël. Il régna pendant 42 ans.

Les soldats lui expliquèrent le défi lancé par Goliath. Ensuite, ils lui parlèrent de la récompense promise à celui qui le tuerait : « Le roi lui donnera sa fille à marier et prendra soin de sa famille. » David sourit : cette récompense du roi lui plairait bien…

À cet instant, un des frères de David, Éliab, s'avança vers lui. « Que fais-tu ici, mauviette ? » lui demanda-t-il en lui plaquant sa lance sur le buste. « Tu devrais garder les moutons. Tu n'es pas un guerrier. Tu n'es venu ici que pour voir le combat !

— Mais enfin qu'ai-je fait ? » demanda David en se retournant vers les soldats. « J'ai simplement posé une question ! » Il ignora son frère aîné et continua de parler aux hommes. Au plus profond de son coeur, il voulait vraiment aider à sauver le peuple d'Israël des Philistins.

Quand le roi Saül entendit parler de la bravoure de David, il le fit appeler. Le jeune berger lui dit : « Personne ne devrait avoir peur de ce Philistin, je vais aller l'affronter ! »

Saül regarda David de haut en bas et haussa les épaules : « Mais comment rivaliseras-tu avec ce géant ? C'est un grand guerrier et tu n'es qu'un jeune homme !

— J'ai tué des lions et des ours pour protéger les moutons de mon père, rétorqua David. Dieu m'aidera aussi à tuer ce géant. Attendez simplement et vous verrez ! » Le roi Saül soupira et frotta sa barbe. Il ne savait pas comment affronter Goliath. David pourrait-il être la solution ?

Le savais-tu ?

Le roi Saül était l'homme le plus grand d'Israël. Certains historiens pensent qu'il mesurait près de deux mètres.
(1 Samuel 9:2)

« Très bien ! Pars combattre le géant. Que Dieu soit avec toi. », décida finalement Saül. Il posa un casque de bronze sur la tête de David et lui donna une armure.

Le coeur de David s'emballa. Il attrapa une épée et prit le chemin du champ de bataille, mais… il n'alla pas très loin. « Je ne peux pas porter cette armure, elle est trop grosse et trop lourde ! » dit-il. Il retira le casque et rendit l'armure à Saül. « Ne vous inquiétez pas, j'ai un autre plan ! »

David savait que Goliath avait quatre mauvais fils. Ainsi, son bâton de berger dans une main, il ramassa de l'autre cinq pierres polies dans le ruisseau avoisinant et les mit dans sa sacoche. Cette fois-ci, il était prêt pour la bataille !

Sa fronde à la main, David se dirigea vers Goliath. Ce dernier attendait depuis quarante jours et il était prêt à se battre. Il lança : « Suis-je un jeune chien pour que tu m'apportes un bâton ? Pourquoi vous, Israélites, ne m'envoyez-vous pas un vrai soldat pour m'affronter ? » David faisait doucement tournoyer sa fronde et patientait…

« Approche-toi ! le défia Goliath. Je vais donner ton corps à manger aux oiseaux et aux animaux ! » David regarda le géant droit dans les yeux. « Tu viens contre moi avec une épée et une lance, lui répondit-il. Mais tu ne m'effraies pas ! Moi, je viens contre toi au nom du Seigneur, le Dieu de cette armée. »

Goliath s'en étouffa presque. Comment ce jeune Israélite osait-il le menacer ? Mais David n'en avait pas fini : « Dieu va te livrer entre mes mains ! Je vais te tuer et donner le corps des Philistins à manger aux oiseaux et aux animaux. Alors, la terre entière saura qu'il y a un Dieu d'Israël »

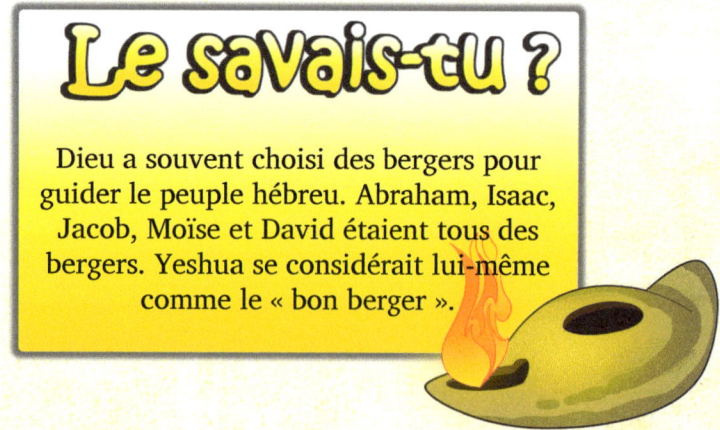

Le savais-tu ?

Dieu a souvent choisi des bergers pour guider le peuple hébreu. Abraham, Isaac, Jacob, Moïse et David étaient tous des bergers. Yeshua se considérait lui-même comme le « bon berger ».

Goliath en avait assez entendu. Il leva sa lance et marcha d'un pas lourd vers David. Des nuages de poussière se formaient à chaque enjambée du géant. Mais David n'avait pas peur. Il attrapa une pierre de son sac, la plaça dans sa fronde qu'il fit tournoyer trois fois au-dessus de sa tête.

Shhhh ! Shhhh ! Shhhh !

Puis il visa Goliath. La pierre siffla dans l'air comme une fusée et s'écrasa au beau milieu de l'énorme front de Goliath. Le géant tituba… puis s'effondra sur le sol dans un énorme bruit sourd.

Les soldats philistins regardèrent David avec stupéfaction. Ils n'arrivaient pas à croire que ce jeune berger avait pu vaincre leur indestructible géant ! Il avait terrassé le tout puissant Philistin avec seulement une fronde et une pierre !

David courut vers Goliath. « Alors, me crois-tu maintenant ? » lui dit-il. Il retira l'épée des mains du Philistin et… lui trancha la tête ! Les soldats Israélites exultèrent : « Dieu a livré Goliath entre nos mains ! »

Quand les Philistins virent que leur héros était mort, ils firent demi-tour et fuirent aussi vite qu'ils le purent. Mais les Israélites ne les laissèrent pas s'échapper aussi facilement : ils confisquèrent leurs armes et les pourchassèrent jusqu'à chez eux.

Le savais-tu ?

Les géants (Nephilim) avaient six doigts à chaque main et six orteils à chaque pied. (2 Samuel 21:20 et 1 Chroniques 20:6)

David n'avait pas oublié l'immense tête chevelue de Goliath. Il la prit sous son bras et la rapporta à Jérusalem pour la montrer au roi.

Le roi Saül était vraiment content de David. « À partir de maintenant, tu travailleras pour moi », dit-il en posant sa main sur son épaule. « Tu es un soldat, pas un berger ! »

Pour célébrer cette grande victoire, le peuple d'Israël fit la fête. Tous chantèrent, dansèrent et jouèrent du tambourin. Cette victoire prouvait que Dieu était avec eux. Grâce à l'aide de David, ils avaient vaincu les puissants Philistins !

FIN

Teste tes connaissances !
(Réponds aux questions grâce aux réponses en bas de la page)

QUESTIONS

Quel était le nom du père de David ? ....

Quel prophète consacra David prochain roi d'Israël ? ....

Où était situé le palais du roi Saül ? ....

De quel instrument de musique David a-t-il joué pour le roi Saül ? ....

Où les Israélites et les Philistins installèrent-ils leur campement ? ....

De quelle taille était Goliath ? ....

Qui donna la permission à David de combattre Goliath ? ....

Combien de pierres David ramassa-t-il dans le ruisseau ? ....

Comment David vainquit-il Goliath ? ....

Dans quel livre de la Bible peut-on lire l'histoire de David et Goliath ? ....

RÉPONSES

1. Jessé
2. Samuel
3. À Guibéa
4. De la harpe
5. Dans la vallée d'Elah
6. Près de 3 mètres
7. Le roi Saül
8. Cinq
9. Avec une pierre de sa fronde
10. 1 Samuel 15-18

Complète le puzzle de recherche de mots

DAVID
GOLIATH
SAMUEL
SAÜL
FRONDE
PIERRE
GÉANT
BETHLÉEM
ISRAÉLITES
ROI

```
G J G L K B S Q F L
L O T R J W A B R C
N R L O H M M P O S
M M S I Y B U I N A
R N M A A A E E D Ü
F G É A N T L R E L
D A V I D T H R U D
B O F X K O T E Z Q
I S R A É L I T E S
B E T H L É E M V U
```

Bible Pathway Adventures®

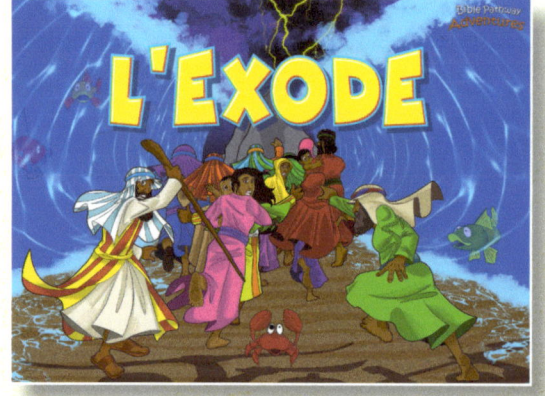

- La Fuite d'Égypte
- La Naissance du roi
- La Trahison du roi
- Le Roi ressuscité
- Le Grand Déluge
- Le Naufrage
- L'Exode
- Jeté aux lions
- Vendu comme esclave
- Sauvé par une ânesse
- La Sorcière d'Endor
- La Mariée choisie
- Samson, puissant guerrier

Découvrez d'autres histoires bibliques avec Bible Pathway Adventures®!

Consulte les cahiers d'activités de Bible Pathway Adventures

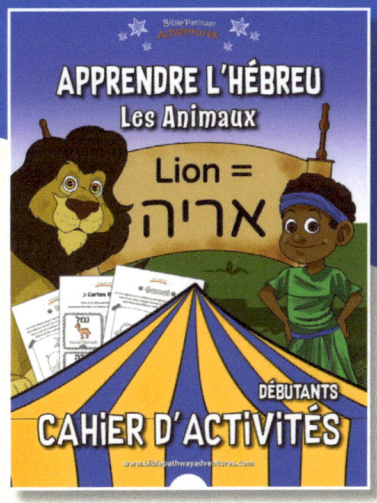
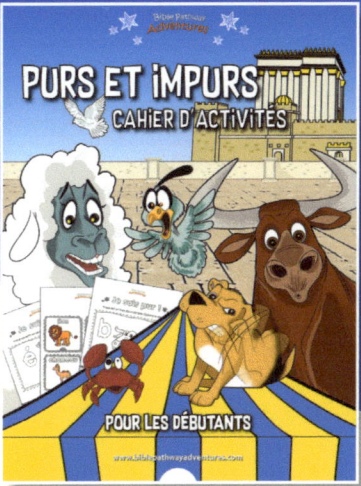

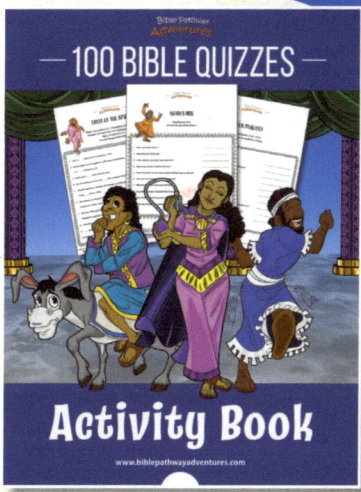

ALLER SUR

www.biblepathwayadventures.com

www.ingramcontent.com/pod-product-compliance
Lightning Source LLC
Chambersburg PA
CBHW040319100526

44583CB00004BB/150